RÉFLEXIONS

SUR

LE RAPPORT

DE

M. DE FONTANES

AU

SÉNAT CONSERVATEUR,

LE 27 DÉCEMBRE.

A LONDRES:

De l'Imprimerie de R. Juigné, 17, Margaret Street, Cavendish Square.

1814.

RÉFLEXIONS, &c.

QUAND M. de Fontanes déclamoit son poëme sur la Grèce conquise; quand il faisoit, du vivant même de l'Abbé de Lille, les derniers beaux vers qui ayent été écrits en françois, il se livroit à tout son talent; il n'étoit point obligé d'immoler sa conscience à son ambition, et de martyriser sa pensée. Il n'étoit point alors grand-maître de l'université, chef de l'instruction publique, sénateur, grand croix de plusieurs ordres et possesseur *tremblant* de cent mille livres de rente, mais il étoit estimé; ses mœurs douces, ses talens transcendans lui procuroient d'autres jouissances. En osant douter que M. le Comte de Fontanes ait gagné au change, comme c'est le rapport au Sénat et non la personne du sénateur que nous attaquons, nous nous permettrons en passant de dire que parmi les malheureuses victimes que la fortune a traînées jusques aux pieds de Bonaparte, M. de Fontanes est peut-être celui qui, à travers les louanges obligées, a montré le plus de liberté; n'osant pas fronder, il s'est permis quelquefois d'envelopper adroitement sa pensée et de cacher des réflexions malignes, des aperçus fins, sous ces déclamations auxquelles les orateurs du gouvernement françois sont rigoureusement condamnés.

Le premier devoir du Sénat envers le monarque et le peuple est la vérité, dit M. de Fontanes; cette réflexion dans la bouche de tout autre pourroit ne passer que pour une idée triviale, mais de sa part il est permis d'y voir non-seulement une malice, et l'avertissement que pour la première fois le Sénat va dire la vérité.

M. de Fontanes ne proclame pas la patrie en danger, mais il avoue qu'elle est dans *une situation extraordinaire*; forcé de louer, il loue le gouvernement monarchique, ce qui convient à beaucoup de gens, et s'en tire en louant son empereur, d'avoir invité les grands corps de l'état à exprimer enfin *librement leur opinion*.

Que l'on ne se trompe point au discours de M. de Fontanes; malgré les bassesses d'usage, le Sénat y paroît quitter ses lisières : il conseille la paix, il ose presque la demander, il manifeste un sentiment, il exprime un vœu, toutes privautés que le Sénat n'a jamais osé avoir avec son maître. Pour concevoir l'audace qui se trouve dans cette compilation de phrases rampantes, il faut relire les discours qui l'ont précédée, juger par comparaison, et voir en redescendant cette échelle de dégradation, jusques à quel point d'avilissement, une nation si fière avec les autres, a pu descendre avec elle-même.

Puisque c'est aux conférences de Prague que M. de Fontanes remonte, on ne sait pas trop pourquoi il prend date du 16 d'Août, trois jours après la déclaration de l'Autriche; il n'avoit pas besoin de débuter par une erreur pour observer que ce sont les succès ou les revers de la guerre qui augmentent ou diminuent les prétentions des cabinets, ce sont là des axiômes reçus; mais il n'y a rien de si ridicule que les beaux esprits quand ils veulent marcher sur le sol de la politique.

Les journées de Lutzen et de Bautzen n'ont point inspiré le désir de faire la paix, mais le désir bien plus sage de mieux faire la guerre; elles ont fait naître un armistice qui couvre de gloire le souverain qui en a si bien profité. Si ces batailles sont des victoires pour Napoléon, (ce que l'histoire contestera) elles lui ont plus couté que des défaites;

c'est de là qu'il peut dater sa perte; en sacrifiant ses derniers vétérans pour enlever la paix, il s'est ôté les moyens de continuer la guerre; ces deux batailles et celle de Dresde ont achevé de l'épuiser: il n'y a que la paix qui ait jamais été pour lui une véritable victoire; toutes les fois qu'on la lui a refusée, il s'est trouvé vaincu.

Après *avoir suivi* son maître *avec quelque inquiétude* depuis Dresde jusqu'à Mayence, M. de Fontanes, faute d'avoir aucun parti à tirer de la bataille de Leipsic, du pont sauté en l'air, du caporal et des quatre hommes, se hâte de ramener le vainqueur dans sa capitale, et de faire voir ce héros conquérant devenu tout à coup un monarque pacifique; appuyant avec cette malice dont nous aimons à le soupçonner, il lui fait *détacher sa pensée des grands desseins qu'il avoit conçus*, et semble lui faire demander pardon de quinze ans de gloire inutile.

Comme il existe plusieurs choses qui sont obligatoires dans le discours d'un orateur du gouvernement, M. de Fontanes se garde d'omettre la principale, celle de dire en passant un mot désobligeant au peuple Anglois; mais prenant à dessein la partie pour le tout, il les appelle à eux seuls *les Alliés*, et cela parce qu'il faut prouver à l'Europe que quand on occupe Vienne, pille Berlin, brûle Moscou, c'est toujours la puissance angloise qu'on poursuit chez les autres, faute de pouvoir l'atteindre chez elle.

Que M. de Fontanes se plaigne avec une douceur attendrissante des signes de *fidélité douteuse* donnés par les princes allemands dans la dernière campagne, rien de plus naturel: il parle en orateur du Sénat; mais qu'en homme d'esprit il s'en étonne, c'est ce qui est difficile à concevoir. A-t-il pu oublier quels sont les traités qui avoient attaché ces souverains malheureux au char de leur vainqueur? Ignore-t-il que les sermens arrachés par la force à la foiblesse sont toujours conditionnels, et que l'injustice n'a jamais le droit de compter sur la fidélité? Bonaparte se plaint des coalitions des puissances, de leur empressement à rompre les engagemens pris après des guerres malheureuses. A-t-il jamais proposé une paix admissible? A-t-il jamais pu croire à la confiance d'aucun souverain? Quinze ans il a abusé de la fortune, quinze ans il a été sans pitié, quinze ans il a fondé sa politique sur le droit du plus fort; dès que ce droit n'existe plus, qu'a-t-il à dire? Les souverains sont dégagés de son alliance, les peuples de leur crainte, et les sots de cet entousiasme ridicule, qui a fait si long-temps toute sa gloire.

Après avoir parlé en passant de la conversation du Prince de Metternich et du Comte de Nesselrode, devant Lord Aberdeen, avec un prisonnier de guerre qui n'avoit aucun pouvoir, aucun titre pour la regarder comme officielle, M. de Fontanes appuye avec affectation sur la négligence des Alliés à répondre au Duc de Vicence. Peut-être autrefois étoient-ils plus exacts, mais chacun a changé de rôle; les Alliés ne dédaignent pas de parler de la paix, mais ils ne la recherchent plus; ils négocient, mais ils avancent; cette manière de procéder leur a été enseignée par le vainqueur de Marengo, le pacificateur de Presbourg, de Tilsit, de Vienne; ils n'ont garde d'oublier les leçons d'un aussi grand maître.

Mais si M. de Fontanes est sensible à cette espèce de négligence envers le roi des rois, il ne peut s'empêcher d'être choqué d'une déclaration qui *est d'une nature inusitée dans la diplomatie.* Se rapportant au temps où le droit des gens, le respect aux gouvernemens, les égards à la naissance, au pouvoir, étoient dans toute leur force, M. de Fontanes rappelle que c'étoit ordinairement aux souverains que les souverains s'adressoient, et non pas aux peuples. Certes il y a quelque chose de vrai dans sa remarque, et si telle personne sortie de France en 1789 l'eût faite, nous n'aurions pas le droit de l'en blâmer, et nous répéterions avec plus de malice que de justice ce mot attribué à un général célèbre: "Si cet homme n'a rien appris, du moins n'a-t-il rien "oublié." Mais que le contemporain d'Anacharsis Cloots, du vertueux Babeuf, de Barrère et de Bonaparte ignore que depuis vingt-cinq ans les agens françois ont toujours séparé les peuples souverains des rois leurs sujets, c'est ce qui n'est pas admissible. Il est un peu tard pour avouer que *l'esprit des peuples, agité par l'inquiétude de l'orgueil, plie à regret sous l'autorité qui les protège en réprimant leur audace.* Il y a bien quelque vingt ans et plus que nous en avons fait la remarque, que même nous l'avons écrit, mais cette vérité n'étoit pas mûre alors pour M. de Fontanes ; dans le pays qu'il habite on se servoit de cet esprit des peuples comme d'un instrument offensif, et on le trouve aujourd'hui une arme dangereuse, parce qu'il ne s'agit plus que de se défendre.

Mais au reste, loin de blâmer l'orateur du sénat de cette manière d'attaquer la déclaration du 1er Décembre, les Alliés doivent lui savoir le plus grand gré du développement qu'il lui donne. Ils espéroient bien qu'on finiroit par deviner tout ce qu'ils ne disoient pas ; mais ils pouvoient craindre les indécis, les entendemens lourds, et M. de Fontanes lève toute équivoque : et *contre qui*, dit-il, *cette attaque indirecte est-elle dirigée? Contre un grand homme, qui a mérité la reconnoissance de tous ces rois*, &c. Si c'est en plein sénat qu'une pareille remarque a été faite, on doit s'attendre aux commentaires qui s'en seront suivis dans les sociétés de Paris et dans les clubs des départemens. Toute la France sait, grâces à M. de Fontanes, que sa cause est séparée de celle de son oppresseur. On conviendra qu'un pareil service mérite, en entrant à Paris, une sauve-garde pour la maison de Monsieur le grand-maître de l'université.

La coalition a su mettre à profit l'expérience ; cet axiôme est encore de l'orateur du sénat, qui espère en cela flatter indirectement son auguste maître, l'instituteur né de tous les rois ; *elle n'a pas voulu irriter l'orgueil d'une grande nation*, elle a pris *un ton modéré, parce que l'Europe*, ajoute M. de Fontanes, *a plus besoin de repos que de passions.* Mais en faisant cet aveu de plus, le rapporteur du sénat a-t-il senti toute l'importance que l'Europe doit y mettre ; s'est-il défini le repos, et peut-il ignorer que le cahos des passions est tout entier dans la tête de l'homme dont il prend la défence ; c'est parce que l'Europe fatiguée a besoin de repos qu'elle doit chercher ce qui doit seul le rétablir ; c'est parce qu'il est temps que les passions se taisent qu'il faut anéantir la cause qui les tiendra toujours agitées. L'Europe est fatiguée, mais c'est de son oppresseur ; elle veut le repos ; elle l'offre à la nation qui le lui a fait perdre depuis quinze ans ; elle ne lui demande que le sacrifice de ses passions, et ses passions sont toutes renfermées dans le sein du Tyran qui l'opprime.

Si les ennemis sont si modérés, s'écrie M. de Fontanes, (obligé d'employer tous les argumens qu'on lui a donnés à commenter) *pourquoi ont-ils violé la capitulation de Dresde, pourquoi n'ont-ils pas établi un échange de prisonniers, conformément à tous les usages de la guerre?* Pourquoi ? Parce que *la coalition a dû mettre à profit l'expérience.* D'abord les ennemis n'ont point violé la capitulation de Dresde ; ils ne l'ont pas ratifiée, ce qui est fort différent, et s'ils se refusent à tout échange, c'est qu'ils vouloient vous amener à faire l'aveu très-impolitique que vos nouvelles levées ne peuvent plus vous dédommager de la perte de vos anciens soldats. Vous criez après vos vétérans, M. de Fontanes, et vous ne voyez pas que plus vous avouez en avoir besoin, et plus vous mettez d'obstacles à la paix ; il falloit les dédaigner, n'en jamais parler, présenter d'autres phalanges plus formidables, d'autres généraux plus expérimentés et l'on auroit pu attacher moins d'importance à vous les rendre. Mais les Alliés sont prévenus par vous du peu de cas que vous faites de tout ce qui vous reste, et s'ils ne possédoient pas la liste exacte des cent-cinquante généraux qu'ils ont fait prisonniers, en lisant vos rapports ils se douteroient, par les noms obscurs qui les signent, que votre héros a épuisé en deux campagnes les anciens compagnons de ses conquêtes, reste précieux des écoles de Pichegru et de Moreau.

Pourquoi ces Alliés, ces protecteurs des droits des nations, n'ont-ils pas respecté ceux des Cantons Suisses? Parceque les neutralités sont des mots que les gens d'esprit comme vous emploient, mais auxquels les gens d'affaires ne croient pas; parce que votre auguste maître leur a appris à n'être point dupe, et que les Alliés peuvent bien aussi en passant se déclarer Médiateurs de la Confédération Helvétique; parce qu'enfin il y a vingt ans qu'on en auroit fini avec votre France, si, au lieu de l'attaquer par la Flandre, on avoit pénétré par ses frontières les plus foibles et fait enfin ce qu'on fait aujourd'hui; mais il falloit apprendre, il falloit faire des fautes, les réparer, et mériter que vous ayez la bonté de proclamer avec autant de justice que de sagesse, ces mots, que *la coalition a su mettre à profit l'expérience.*

La modération n'est quelquefois qu'un artifice diplomatique, dit l'orateur du sénat, qui a tiré cette phrase toute faite de l'arsenal de son bon maître. Si c'est dans ce traité où Napoléon consentit à laisser le sol de la Prusse, parce qu'il ne pouvoit pas l'emporter, que les Alliés ont appris à connoître la modération, il est permis de trembler pour ces belles contrées dont M. de Fontanes dirige l'enseignement public: espérons qu'ils entendent mieux la valeur de ce mot que le généreux Bonaparte qui n'a jamais *recouru au même artifice.*

Mais s'il est permis de repousser avec l'arme du persiflage une défence à tel point si maladroite qu'elle sert mieux les Alliés que leur propre déclaration, ce n'est qu'avec indignation qu'on peut répondre aux reproches relatifs à S. M. la Reine des Deux Siciles. Il n'appartient pas à celui qui, sans respect pour *l'auguste sang d'Hapsbourg,* osa insulter une souveraine sur son trône et tenter de dégrader la majesté royale, d'opposer à des outrages des mesures politiques que nous n'entreprenons en ce moment ni de justifier ni d'accuser, une pareille inconvenance ne devoit point échapper à M. de Fontanes ni à ses conseils; ils devoient savoir qu'ils réveilleroient des souvenirs avillissans pour leur maître, et que le bon temps, où l'on adoptoit tous les mensonges, par cela seul qu'ils étoient fabriqués à Paris, étoit évanoui pour jamais.

Le souverain de la Saxe, dit M. de Fontanes, s'est mis à la merci des Alliés; mais il n'avoit pas autre chose à faire. Depuis ce galant chevalier, ce brave des braves, qui ne rendit son épée dans les plaines de Pavie qu'entouré de mourans et d'admirateurs, on a vu fort peu de souverains pris les armes à la main dans une bataille. Le Roi de Saxe n'avoit qu'à se sauver en croupe derrière le *vainqueur de Leipsic*, ou à se laisser prendre. M. de Fontanes, *qui raconte et ne veut pas exciter de méfiance*, oublie cet engagement quand il ajoute, *des bruits fâcheux circulent en Europe;* quelque soient ces bruits ils ne peuvent être injurieux pour les Alliés. Les princes qui ont pris le Roi de Saxe sont un peu plus généreux que l'homme qui attira deux rois d'Espagne à Bayonne pour les détrôner l'un par l'autre.

Ce n'est pas de cette tribune, dit M. de Fontanes avec emphase, *que les gouvernemens seront jamais insultés.* Cet engagement nous paroît un peu tardif; c'est de la tribune de l'assemblée nationale, c'est de celle de la convention, c'est du tribunat, et de ce Sénat lui-même que sont sorties toutes les insolences qui ont réjoui pendant vingt-cinq ans tous les brouillons de l'univers. Si ce langage eût été généreux du temps des triomphes, s'il eût fait voir la raison armée de tous les prestiges de la victoire, aujourd'hui il n'annonce que la crainte, et ne montre que la bassesse de celui qui le dicte, non-seulement à ses complices, mais encore aux victimes de ses forfaits.

M. de Fontanes porté à l'indulgence, parce qu'il soupçonne que son maître en a besoin, avoue que *toutes les nations ont erré, que tous les gouvernemens ont commis des excès, que tous doivent se pardonner.* Pour la première fois il avoue des fautes, et rappelant le lion de la fable, il fait dire à son auguste empereur, que même quelquefois il lui est arrivé de *manger* le *berger*; mais ces erreurs ne l'embarrassent point, il a vu *les abus du pouvoir tracés en lettres de sang dans toutes les pages de l'histoire*, et c'est pour la coalition qu'il réserve son étonnement: il ne peut croire à *ce composé d'élémens qui se repoussent mutuellement*, parce qu'il n'ose pas s'appesantir sur la cause d'un pareil ensemble.

Si M. de Fontanes avoit voulu aborder de bonne foi la question, il auroit vu que tant d'intérêts différens, tant de passions incohérentes, tant de jalousies nationales se sont évanouis devant un intérêt plus direct, une passion plus violente, une jalousie plus concentrée; il auroit vu que le désir de l'indépendance et l'indignation l'ont emporté sur les sentimens ordinaires; qu'une passion plus forte a subjugué toutes les autres, et que l'Europe enfin s'est ralliée sous une même bannière, parce que tous les états qui la composent ont obéi à la fois à la même haine, et senti la même nécessité de se venger.

Loin de nous arrêter à justifier deux grands souverains et un grand prince des éloges dont on voudroit les flétrir, nous passerons à l'espèce d'appel au peuple que l'orateur semble avoir réservé pour terminer son discours. Montrant plus de peur que de patriotisme, il peint, sans s'en douter, l'abattement dans lequel la France est tombée, vante toutes les ressources qu'elle n'a pas, et la loue de toutes les vertus qui lui manquent.

La fortune n'abandonne pas long-temps les nations qui ne s'abandonnent pas elles-mêmes, dit encore M. de Fontanes. Cette grande vérité est écrite en lettres de sang depuis Moscou jusqu'à Besançon, et l'on a droit de s'étonner de la confiance avec laquelle le rapporteur offre de pareilles armes à ses ennemis. *Rallions-nous autour du diadême où l'éclat de cinquante victoires perce à travers un nuage passager*, s'écrie-t-il avec un enthousiasme si froid, que son talent glacé lui manque et lui fait faire une phrase inintelligible, et *que cette brave nation,* ajoute-t-il, *trouve le repos à l'abri d'un trône qui,* A L'AVENIR, *ne veut être entouré que des images de la félicité publique.*

Telle est la substance de ce fameux discours dont M. de Fontanes sent aussi bien que nous la fausseté des principes et le néologisme des expressions. Peut-être ne serat-il pour toujours assez libre pour trembler sous les verges du despotisme, pour écrire sur des matières qu'il n'entend pas, pour les larder d'expressions qui ne sont pas les siennes, de sentimens qu'il ne partage nullement; peut-être, sans cesser de prétendre à une considération qu'il saura mériter par sa conduite, reviendra-t-il à des occupations plus analogues à ses goûts, à ses grands talens, et peut-être, au milieu de tous ces peut-être, lui entendrons-nous réciter encore ces beaux vers sur la Grèce, qui lui font plus d'honneur, comme homme de lettres, que ses rapports au Sénat conservateur ne lui en font comme homme d'état.

LETTRE

A Son Excellence M. le Grand-Maître des Cérémonies de la Cour de St. Cloud et des Thuilleries.

Monsieur le Comte,

Je suis Troyen et fier de l'être depuis que j'ai appris qu'un des plus heureux faiseurs de couplets qui se soient chantés en France, un des soutiens pendant quinze ans du dîner des Vaudevilles est à la tête de ma patrie. Vous la défendrez, M. le Comte, comme vous savez l'amuser ; vous y mettrez tous les partis à l'unisson avec la facilité dont vous êtes doué pour mettre d'accord la rime et la raison ; vous saurez louer le grand Napoléon comme vous avez su chanter Glycère, et nous verrons bientôt de votre façon en Vaudevilles ou en pot-pourris, ce refrein qui charmera mes compatriotes. " Craignez les Grecs et jusqu'à leur présens."

Ah ! M. le Comte, quelle éloquence dans votre proclamation ! et surtout quelle dignité ! Le Scamandre rougiroit, si un fleuve pouvoit rougir, des grandes vérités que vous annoncez aux habitans des rives de l'Aube. Les Troyens d'autrefois ont bien entendu aussi quelques harangues assez énergiques de leur Hector, mais cet Hector qui se battoit comme Votre Excellence fait des petits vers, avoit une autre sorte de fierté ; ce n'étoit pas la vôtre, M. le Comte, et rien ne prouve mieux que vous et lui, qu'il y a différens chemins pour arriver à la considération et à la gloire. Mais de quel Hector ai-je osé parler, et pourquoi me donner fort mal à propos un petit air d'avoir lu Homère, moi, qui en ma qualité de Troyen déteste tout ce qui est Grec, quand je peux dans nos jeux innocens trouver l'Hector qui vous convient davantage. Oui, M. le Comte, l'Hector moderne, celui qui est dans les mains de tout le monde, est le véritable Hector auquel vous puissiez être comparé : fidèle à son maître, il lui sert souvent de garde ; il suit immédiatement sa maîtresse, sa hallebarde en main, comme vous votre bâton de cérémonie, il précède la populace : cet Hector, valet comme vous, M. le Comte, n'est autre chose que le Valet de Carreau. (*)

On dit que les cartes furent inventées pour charmer les loisirs d'un roi de France ; qu'on a choisi à cette époque quatre de ses chambellans pour représenter les valets des quatre couleurs, et qu'un Hector de Gallard donna son nom au Valet de Carreau. Ah ! M. le Comte, si pour appaiser les accès de rage dans lesquels doit tomber souvent un Empereur furieux, on renouvelloit aujourd'hui quelque invention de cette nature, avec quel plaisir les Troyens et moi nous vous verrions *lancé* à la postérité, de la seule manière qui puisse convenir à vos talens, et surtout à cette fermeté d'âme que vous venez de développer.

Quel courage ! M. le Comte ! Vous venez préparer mes compatriotes à la guerre, et vous ne leur parlez que de la paix ; vous leur peignez les anxiétés de votre maître, vous leur rappelez l'énergie de ses expressions, et vous leur révélez, avec une sincérité touchante, l'approche des dangers auxquels ils étoient loin de croire avant votre arrivée.

Il y avoit deux moyens d'envisager la chose, M. le Comte,

(*) Il faut savoir que sur les cartes en France, Hector est le nom du Valet de Carreau, comme La Hire est celui du Valet de Cœur.

mais un faiseur de chansons ne s'y trompe jamais : un homme d'état qui n'auroit été tout platement que cela, auroit montré les grandes ressources de la France et pallié ses désastres; un homme d'épée auroit appelé aux armes, et fait passer dans tous les cœurs un patriotisme exalté. Mais vous n'êtes rien de tout cela, M. le Comte; maître des cérémonies, vous avez fait assembler la commune avec cet ordre, cette bonne grâce, que vous savez si bien maintenir dans les fêtes d'une grande cour, et littérateur aimable, vous avez débité à voix basse le discours le plus bénin qui jamais ait été prononcé au bon peuple de la Champagne. Non content de transmettre aux habitans de Troye les intentions pacifiques de votre maître, vous avez renchéri sur le ton humilié que ce grand homme a daigné prendre, comme cet animal perfide, qui pour attirer les passans, imite les cris d'un enfant qui souffre. Il ne vous manquoit plus, M. le Comte, que de vous revêtir du sac de la pénitence, de vous couvrir de la cendre; mais vous n'en êtes encore qu'à la crainte; votre cœur n'est pas fait pour connoître le repentir.

En annonçant aux fidèles Troyens que vous allez les quitter pour vous approcher des frontières, avec quelle addresse vous leur promettez leur Empereur. Ah! n'allez pas les tromper, M. le Comte, n'allez pas les flatter comme le Général Rapp, votre digne collègue, promettant à sa garnison de Dantzic, sous quelques heures, la vue d'un héros qui dans ce moment étoit à deux cents lieues de lui, repassant si glorieusement le Rhin. Les Troyens sont sensibles, les Troyennes le sont encore plus, et notre Préfet, si digne de représenter le bon homme Priam, seroit homme, si quelqu'accident arrivoit, à vous prendre pour un Achille et à vous aller redemander le corps du héros des Troyens d'aujourd'hui.

Prenez-y garde, M. le Comte; vous vous devez à des fonctions plus importantes; vous vous devez à une cérémonie qui, pour être la dernière de celle à laquelle vous assisterez probablement, vous et vos amis, n'en sera que plus attendrissante. Toute lugubre qu'elle doit être, ce n'est que par vos soins et sous vos auspices qu'elle pourra acquérir cet ensemble que vous seul savez donner, et cette noblesse que vous avez cherché souvent à imprimer aux rassemblemens les plus ridicules, et en même temps les plus ignobles. La cérémonie dont je parle est l'enterrement de la quatrième dynastie. Quel convoi! M. le Comte; sans parler de vous qui serez à la tête, comme de raison, quelle longue file d'affidés de tous les partis! De Jacobins en pleureuses, d'émigrés rentrés en grand deuil, de crêpes sur toutes les têtes. Vous y placerez Cambacérès et Lebrun en long manteau, et quelques-uns de ces conseillers d'état dévoués qui pleureront avec vous les derniers souverains de cette dynastie illustre. Ménagez-vous donc, M. le Comte; ne traitez pas ceci comme une chanson; cela prend un caractère plus sérieux; n'allez pas trop loin pour repousser l'ennemi, laissez plutôt la frontière se rapprocher de vous, et hâtez-vous de retourner à Paris, si vous voulez régulariser une cérémonie qui pourroit bien, faute de vos soins, entraîner après elle quelque léger désordre.

PAR UN CHAMPENOIS.

De l'Imprimerie de R. Juigné, 17, Margaret Street, Cavendish-Square.

www.ingramcontent.com/pod-product-compliance
Lightning Source LLC
LaVergne TN
LVHW010324230826
846091LV00009B/3757

9782019230074